Bibliografische Information der Deutschen Nationalbibliothek:

Die Deutsche Bibliothek verzeichnet diese Publikation in der Deutschen National-
bibliografie; detaillierte bibliografische Daten sind im Internet über http://dnb.d-
nb.de/ abrufbar.

Impressum:

Copyright © 2008 GRIN Verlag, Open Publishing GmbH
Druck und Bindung: Books on Demand GmbH, Norderstedt Germany
ISBN: 9783640488094

Dieses Buch bei GRIN:

http://www.grin.com/de/e-book/140544/volltextsuche-im-kontext-relationaler-
datenbanken-am-beispiel-einer-systeminternen

Rebecca Konrad

Volltextsuche im Kontext relationaler Datenbanken am Beispiel einer systeminternen DBMS- Komponente von MySQL

GRIN Verlag

GRIN - Your knowledge has value

Der GRIN Verlag publiziert seit 1998 wissenschaftliche Arbeiten von Studenten, Hochschullehrern und anderen Akademikern als eBook und gedrucktes Buch. Die Verlagswebsite www.grin.com ist die ideale Plattform zur Veröffentlichung von Hausarbeiten, Abschlussarbeiten, wissenschaftlichen Aufsätzen, Dissertationen und Fachbüchern.

Besuchen Sie uns im Internet:

http://www.grin.com/

http://www.facebook.com/grincom

http://www.twitter.com/grin_com

| Hochschule Heilbronn/ | Studiengang Medizinische |
| Universität Heidelberg | Informatik |

STUDIENARBEIT

des Studiengangs Medizinische Informatik

an der Hochschule Heilbronn

Volltextsuche im Kontext relationaler Datenbanken
am Beispiel einer systeminternen DBMS-
Komponente von MySQL

November 2009

Verfasser:

Rebecca Konrad

Inhaltsverzeichnis

1 Einführung

1.1 Volltextsuche in relationalen DBMS

Die Volltextsuche, welche Mitte der 70er Jahre aufkam, löste herkömmliche Suchmethoden in vielen Bereichen komplett ab. Denn mit ihr wurde es erstmals möglich, theoretisch jedes Dokument aufzufinden, das nur mindestens ein Wort der Suchanfrage enthält. So ist z.b. eine heutige Internetrecherche ohne das Verfahren der Volltextsuche undenkbar geworden. Für herkömmliche Suchverfahren wäre eine zeitaufwendige, händische Eingabe aller erforderlichen Schlüsselbegriffe, in diesem Fall jedes Wort einer Internetseite bzw. Dokuments, notwendig, um vergleichbare Resultate erzielen zu können. Wobei diese Resultate dann nur unter einem erheblichen Mehraufwand und einer längeren Suchzeit zu erreichen wären. Vergleichsweise hierzu führt die Volltextsuche, durch die Speicherung des aufbereiteten Textes und die Verwendung immer schnelleren Algorithmen, Suchanfragen effektiver und schneller durch.

Die Volltextsuche ist zwar kein klassischer Bestandteil relationaler Datenbanken, jedoch wird diese Funktionalität in heutiger Zeit in immer mehr Produkte integriert, um den Anforderungen des Benutzers gerecht zu werden. Mit dieser Funktionserweiterung der relationalen DBMS[1] können Volltextsuchen direkt auf eine bestehende relationale Datenbank angewandt werden. Auf eine externe Volltextsuchmaschine und eine dadurch möglicherweise notwendig werdende doppelte Datenhaltung für beide DBMS, kann somit verzichtet werden. So bietet die Volltextsuche in relationalen DBMS eine schnelle und flexible Lösung, um linguistische Suchvorgänge zu realisieren.

---

[1] DBMS: Datenbankmanagementsystem

1.2 Hauptziele der Arbeit

Die Ziele der Arbeit bestehen darin,

a) eine Anwendung zu schreiben, welche es ermöglicht, die Leistungsfähigkeit der Volltextsuchkomponente des relationalen DBMS MySQL zu analysieren.

b) die, für die Analyse notwendigen, Resultate der Indexierungs- und Suchzeit in Abhängigkeit von verschiedenen Parametern, wie z.b. Datenbankgröße und Anzahl der übergebenen Suchwörter, zu ermitteln und auszuwerten.

c) die Anwendung so zu programmieren, dass ein späterer Performanzvergleich mit weiteren Volltextsuchmaschinen unterstützt wird.

2 Grundkonzepte

2.1 Allgemeine Arbeitsweise einer Volltextsuchmaschine

Die Volltextsuchmaschine führt 3 grundlegende Vorgänge durch, wobei die Datenbasis im Voraus mit den nötigen Rohdaten gefüllt werden muss:

I. Analyse und Indexierung der Daten der Datenbasis,

II. Bearbeitung von Suchanfragen, sowie

III. Repräsentation der Ergebnisse.

Diese Arbeitschritte werde ich im Folgenden kurz erläutern.

2.1.1 Analyse und Indexierung

Alle Wörter, die in der Datenbasis vorkommen, werden in ein so genanntes Inverted-File abgelegt. Ein Inverted-File (invertierte Liste) stellt einen Index dar, der das schnelle Auffinden von Dokumenten ermöglicht, jedoch keine Nutzdaten enthält.

Je nach Suchmaschine werden manche Begriffe, dies sind die so genannten Stoppwörter, nicht in den Index mit aufgenommen. Stoppwörter sind sehr häufig vorkommende Wörter wie z.B. „ein" im Deutschen, denen keine Bedeutung zugemessen wird. Da sie sehr häufig vorkommen, kann mit diesem Vorgehen eine deutliche Verringerung der Indexgröße erreicht werden. Trotzdem verzichten immer mehr Suchmaschinen auf Stoppwörter, weil zum einen die Suchmaschinen immer performanter mit großen Indexen umgehen können und zum anderen für gewisse Anfragen auch Stoppwörter von großer Bedeutung sein können. Beispielsweise enthält der Ausdruck „sein oder nicht sein" nur Stoppwörtern und würde bei vorhandener Stoppwortliste nicht mit in den Index aufgenommen werden [10].

Da sich das Grundkonzept des Volltextindex[2] nicht von dem des in MySQL angewandten Volltextindex' unterscheidet, wird Näheres zum Volltextindex und zu dessen Aufbau erst im Kapitel „Volltextsuche im Kontext relationaler Datenbanken am Beispiel von MySQL" (2.2.1 und 2.2.2) erläutert.

2.1.2 Suchanfragen

Die Suchmaschine versucht zu den übergebenen Suchbegriffen mittels des Index' die relevanten Dokumente zu finden. Dazu wird nach Dokumentennummern gesucht, die in den Invertet-Files jedes einzelnen Suchbegriffs, vorkommen. Sind alle passenden Dokumente ermittelt, werden sie gemäß ihrer Relevanz sortiert. Beinhaltet ein Dokument das Suchwort mehrmals, so kommt das seinem Rang innerhalb der Ergebnisliste zugute.

2.1.3 Ergebnisdarstellung

Sind nun die passenden Seiten ermittelt, wird das Ergebnis zurückgeliefert. Dabei ist allen Suchmaschinen gleich, dass die Resultate nach Relevanz sortiert ausgegeben werden. Die Ermittlung der Relevanz und somit des Dokumentenrangs ist jedoch suchmaschinenspezifisch und hängt von dem gewählten Retrieval-Modell ab (siehe Kapitel 2.1.5)

Information Retrieval

Der Begriff Information Retrieval fasst die eben genannten 3 Bereiche einer Volltextsuche (Repräsentation, Speicherung, Organisation und Zugriff zu Information) zusammen [11]. Eines der zentralen Probleme von Information Retrieval Systemen ist die Vorhersage, ob und in welchem Maße ein Dokument relevant ist. Um diese Relevanz zu ermitteln, werden Retrieval-Modelle, wie z.B. das Boole'sches Retrieval-Modell, das Vektormodell oder das Probabilistische Modell angewandt [12].

---

2 Die Bezeichnungen Volltextindex ist ein Synonym für Inverted-File und ist im Folgenden als äquivalent anzusehen.

2.2 Volltextsuche im Kontext relationaler Datenbanken am Beispiel von MySQL

MySQL ist ein relationales Datenbankmanagementsystem, welches als Open-Source-Software für verschiedene Betriebssysteme verfügbar ist und wegen der Performanz hauptsächlich in ANSI C/ANSI C++ implementiert ist [4]**Fehler! Verweisquelle konnte nicht gefunden werden.**.

Seit Version 3 bietet MySQL eine im DBMS integrierte Volltextsuche an, mit welcher ein Volltextindex für eine oder mehrere Spalten einer MyISAM-Tabelle[3] angelegt werden kann.

Im Gegensatz zu dem sonst üblichen LIKE-Prädikat[4], das nur für Zeichenmuster verwendbar ist, bietet die Volltextsuche einen linguistischen Suchvorgang auf die Datenbankeinträge. Grundlage dafür ist, wie bei jeder Volltextsuche, dass der zu indizierende Text analysiert und dementsprechend indiziert wurde.

Die Suche auf einem MySQL–Volltextindex lässt sich allgemein mit

```
SELECT doknr FROM table WHERE MATCH (spalte1, spalte2,...)
AGAINST (exprString [IN BOOLEAN MODE | WITH QUERY EXPANSION])
```

ausführen. Anstelle des *exprString* stehen dann die mit boole'schem OR verknüpften Terme [13].

Ein Beispiel dafür wäre:

```
SELECT doknr FROM telefonbuchTabelle WHERE MATCH (Vorname,
Nachname, Ort) AGAINST ('Hans Heilbronn' IN BOOLEAN MODE)
```

---

3 MyISAM (My Indexed Sequential Access Method) ist der Standard-Tabellentyp von MySQL. MyISAM zeichnet sich durch hohe Effizienz im Vergleich zu anderen von MySQL unterstützten Tabellentypen aus und unterstützt eine leistungsfähige Volltextsuche. MyISAM unterstützt allerdings im Unterschied zu z.B. InnoDB keine Transaktionen oder referenzielle Integrität.
4 Durch das LIKE-Prädikat kann ein Spaltenwert mit einem „Muster" verglichen werden. Das LIKE-Prädikat ist TRUE, wenn der Datenwert dem Muster entspricht.

2.2.1 Volltextindizes

Ein Volltextindex ist ein token-basierter[5] funktioneller Index (Inverted-File), der sich wesentlich von dem Erstellen anderer Indextypen unterscheidet. Statt einer Baum-Struktur, wird beim Volltextindex eine invertierte, gestapelte, komprimierte Indexstruktur basierend auf einzelnon Token aus dem zu indizierenden Text erstellt.

Der Vorgang der Erstellung und Verwaltung eines Volltextindexes wird als Indexauffüllung bezeichnet, wobei folgende Typen der Volltextindexauffüllung von MySQL unterstützt werden **Fehler! Verweisquelle konnte nicht gefunden werden.**:

1) **Vollständige Auffüllung**

Tritt in der Regel beim ersten Auffüllen eines Volltextindexes auf. Anschließend können die Indizes auch durch die beiden weiteren Auffüllungstypen gewartet werden. Wenn die vollständige Auffüllung für eine Tabelle angefordert wird, werden Indexeinträge für alle Zeilen in dieser Tabelle erstellt.

Soll der Volltextindex bei seiner Erstellung nicht aufgefüllt werden, muss dies in der CREATE FULLTEXT INDEX-Anweisung angeben werden. Der Index wird erst aufgefüllt, wenn der Benutzer den ALTER FULLTEXT INDEX-Befehl mit einer der Klauseln START FULL, INCREMENTAL oder UPDATE POPULATION ausführt [13].

2) **Auffüllung mit Hilfe von Änderungsnachverfolgung**

Intern werden alle Zeilen aufgezeichnet, die in einer Tabelle geändert wurden. Diese Änderungen werden an den Volltextindex weitergegeben und können dann, je nach Einstellung, automatisch oder manuell gestartet werden.

---

5 Ein Token ist ein Wort oder eine Zeichenfolge, das bzw. die von der Wörtertrennung identifiziert wurde.

Der Vorteil bei dieser Methode ist, dass die zeitaufwändige und rechenintensive Aktualisierung des Indexes auf einen günstigen Zeitpunkt gelegt werden kann.

3) Inkrementelle, auf Timestamps basierende Auffüllung

Bei der inkrementellen Auffüllung wird der Volltextindex bezüglich der Zeilen, die seit der letzten Auffüllung oder während des letzten Auffüllungsvorgangs hinzugefügt, gelöscht oder geändert wurden, aktualisiert. Voraussetzung für die inkrementelle Auffüllung ist, dass die indizierte Tabelle eine Spalte vom timestamp-Datentyp[6] aufweist. Ist keine timestamp-Spalte vorhanden, würde eine vollständige Auffüllung durchgeführt werden.

Am Ende einer Auffüllung wird ein neuer timestamp-Wert aufgezeichnet. Dieser Wert entspricht dem größten aufgetretenen timestamp-Wert und wird verwendet, wenn eine nachfolgende inkrementelle Auffüllung gestartet wird.

2.2.2 Struktur der Volltextindizes

Folgendes Beispiel, soll die Struktur eines Volltextindex veranschaulichen [13].

Beispiel-Tabelle[7]

Dokumenten-ID	Titel
1	Es sind 4 Hunde im Haus
2	Das Haus ist zu klein für vier

Tabelle 1: Benutzer-Tabelle mit Beispieldaten

---

6 Ein Zeitstempel (engl.: timestamp) ist ein Wert in einem definierten Format, der einem Ereignis einen Zeitpunkt zuordnet. Der Zweck eines Zeitstempels ist es, für Menschen oder Computer deutlich zu machen, wann welche Ereignisse eintraten.
7 Volltextindizes enthalten mehr Informationen als die in der nebenstehenden Tabelle dargestellten. Die Tabelle dient nur zu Demonstrationszwecken.

Wenn für die Titelspalte unter Berücksichtigung der Stoppwörter ein Volltextindex erstellt wird, entsteht (sehr vereinfacht) folgende interne Indextabelle (invertet File):

Beispiel-Indextabelle

Keyword	Spalten-Id	Dokumenten-Id	Position
Hunde	1	1	4
Haus	1	1	6
Haus	1	2	2
klein	1	2	5
vier	1	2	7

Tabelle 2: Indextabelle erstellt aus Tabelle 1

- Die **Keyword**-Spalte enthält die einzelnen Tokens, die zum Zeitpunkt der Indizierung extrahiert wurden. Woraus ein Token besteht, wird durch die Wörtertrennung bestimmt.

- Die **Spalten-ID** entspricht dem Wert, der einer bestimmten volltextindizierten Tabelle und Spalte entspricht.

- Die **Dokumenten-Id** enthält jeweils den Wert, der einem bestimmten Volltextschlüsselwert in der volltextindizierten Tabelle zugeordnet ist.

- Die **Positions-Spalte** beinhaltet den relativen Wortoffset des Tokens innerhalb des Dokuments.

2.2.3 Architektur von MySQL

Damit man die Verarbeitung einer Volltextsuchabfrage nachvollzogen werden kann, werde ich im Folgenden die Architektur von MySQL darstellen. Hierbei sind für die Volltextsuche vor allem die Komponenten der Indexerstellung und der Abfrageverarbeitung von Bedeutung.

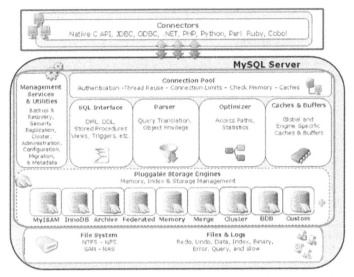

Abbildung 1: Architektur von MySQL [13] mit Veränderungen bei der Umrandung

Auf höchster Abstraktionsebene lässt sich die MySQL Architektur als 3-Schichten-Modell[8] darstellen:

1. **Anwendungsebene** (blaue Umrandung)
2. **logische Ebene** (rote Umrandung)
3. **physikalische Ebene** (grüne Umrandung)

Jede dieser Ebenen enthält mehrere Komponenten, von denen ich die Wichtigsten in den folgenden Abschnitten kurz beschreiben werde. Hierbei beziehe ich mich auf die Quellen [13] und [20].

---

8 Weitere Informationen zum Schichtenmodell unter http://de.wikipedia.org/wiki/Schichtenmodell

1. Anwendungsebene

Über eine Schnittstelle wird der Zugriff von der Anwendungsebene zum MySQL DBMS ermöglichen. Es gibt drei mögliche Benutzergruppen, die auf das MySQL DBMS zugreifen. Dies sind die Administratoren, die Programmierer (clients) und die Endbenutzer (query users).

- Die **Administratoren** sind für die Erstellung und Wartung der Datenbank zuständig und benutzen hierfür die Programmierschnittstelle und Dienstprogramme, wie z.B. MySQLAdmin, um auf die Struktur der Datenbank zugreifen zu können.

- Der **Programmierer** kann mit Hilfe einer Programmiersprache (Php, JDBC und Weitere) über eine Schnittstelle mit der bestehenden Datenbank kommunizieren.

- Der **Endanwender** gibt seine Anfragen, in der von dem Programmierer vorgegebenen Form an, so dass eine Kommunikation zur Datenbank hergestellt und das Resultat ermittelt werden kann.

2. Logische Ebene

Die logische Ebene lässt sich unterteilen in den

I. **Query Prozessor**, zu welchem die Komponenten „SQL-Interface", „Parser", „Optimizer" und „Caches / Buffers" der Abbildung 1 zählen.

II. **Connection Pool**

III. **Recover- und Log-Management** (in der Abbildung 1 "Managment Service & Utilities" genannt).

IV. **Speichermaschinen** (in der Abbildung 1 „Storage Engines" genannt).

I. Query Prozessor

a) SQL-Interface

Wenn Anfragen vom Client eintreffen, ist es die Aufgabe des DML[9]-
Precompilers die relevanten SQL-Statements zu extrahieren.
Anfragen eines Administrators an die MySQL Datenbank, werden
von der DDL[10] kompiliert. Dieser Compiler ermöglicht die direkte
Kommunikation mit dem MySQL-Server und somit mit der
Datenbank.

b) Parser

Nachdem die relevanten SQL Anteile extrahiert wurden, kann die
Anfrage geparst werden. Was bedeutet, dass eine Baumstruktur,
bestehend aus allen Teilanfragen, erstellt wird.
Diese Baumstruktur kann im Anschluss auf korrekte SQL Syntax
und Semantik überprüft werden, so dass nur valide SQL-Anfragen
weiterverarbeitet werden.

c) Optimizer

Nach einer Überprüfung, ob der Client dazu berechtigt ist auf die
angegebene Datenbank zuzugreifen, kann eine Optimierung der
Anfrage durchgeführt werden. Diese Optimierung führt zu einer
schnellstmöglichen Ausführung der Anfrage.
Der MySQL-Anfrageoptimierer verwendet, wann immer möglich,
Indizes, wobei er den restriktivsten Index jeweils bevorzugt. Denn
durch die bevorzugte Verwendung des restriktivsten Index', können
schon zu Beginn und bei jedem weiteren Durchlauf möglichst viele
Tupel ausgeschlossen werden, was wiederum zu einer schnelleren
Verarbeitung der Anfrage führt.

---

9 Data Manipulation Language siehe [4].
10 Data Definition Language siehe [4].

II. Connection Pool

Der Connection Pool beinhaltet das Transaktions- und das Konkurrenz-Kontroll-Management.

a) Transaktions-Management

Der Transaktionsmanager ist dafür verantwortlich, dass Transaktionen, während der Verarbeitung nicht manipuliert werden können. Dies geschieht über den Log-Manager und einem Konkurrenz-Kontroll-Management.

Darüber hinaus ist der Transaktions-Manager dafür zuständig, dass Deadlock-Situationen gelöst werden. Ein Deadlock kann entstehen, wenn 2 Transaktionen nicht weiter ausgeführt werden können, weil beide Daten enthalten, auf die jeweils der andere zugreifen möchte.

b) Konkurrenz-Kontroll-Management

Das Konkurrenzen-Kontroll-Management ist dafür verantwortlich, dass Transaktionen separat und unabhängig von einander ausgeführt werden.

III. Recover- und Log- Management

Der Log-Manager speichert jeweils die MySQL-Anweisung für jede ausgeführte Operation auf der Festplatte. Im Falle eines Systemabsturzes, würde das Recover-Management auf die Log-File zugreifen und jede der dort gespeicherten Anweisung ausführen. Dadurch könnte die Datenbank wieder auf ihren zuletzt aktuellen Stand gesetzt werden können.

IV. Speichermaschinen

Die Speichermaschinen übernehmen die Datenspeicherung und die Indexverwaltung für MySQL. Der MySQL Server kommuniziert mit den Speichermaschinen über eine klar definierte Programmierschnittstelle.

Jede Speichermaschine ist eine Klasse und jede Instanz dieser Klasse kommuniziert mit dem MySQL Server über eine spezielle Handler-Schnittstelle.

So kann für jeden Thread, der mit einer bestimmten Tabelle arbeiten muss, ein Handler angelegt werden.

Wenn zum Beispiel drei Verbindungen alle mit derselben Tabelle zu arbeiten beginnen, müssen drei Handler-Instanzen erzeugt werden.

Sobald eine Handler-Instanz erzeugt wurde, erteilt der MySQL Server dem Handler Befehle, damit dieser Datenspeicherungs- und Abrufoperationen ausführt, wie beispielsweise eine Tabelle öffnen, Datensätze ändern und Indizes verwalten.

3. Physikalische Ebene

In der physikalischen Ebene werden die Daten gehalten, auf welche die Speichermaschinen zugreifen müssen. Die Haupttypen der gespeicherten Daten sind

a) Dateien, die Benutzerdaten in der Datenbank speichern.

b) ein Datenkatalog, der die Metadaten über die Datenbankstruktur beinhaltet.

c) Indizes, welche einen schnellen Zugriff auf Daten verschaffen. Dieser Index enthält je nachdem, welchen Typ man gewählt hat (z.B. Volltextindex), unterschiedliche Daten.

d) Statistische Daten, welche vom Query Prozessor benötigt werden, um Anfragen auf effizientem Weg ausführen zu können.

e) Log Informationen, welche die ausgeführten Queries beinhaltet (siehe Recover- und Log-Management).

2.2.4 Der Vorgang der Volltextindizierung

Wenn eine Volltextauffüllung initiiert wird, werden vom Datenbankmodul große Batches von Daten in den Arbeitsspeicher geladen, um dann mit der Indizierung zu beginnen.

Im Rahmen der Verarbeitung durchlaufen die gesammelten Textdaten eine Wörtertrennung, die den Text in einzelne Token oder Schlüsselwörter zerlegt.

Unter Umständen werden weitere Verarbeitungsschritte ausgeführt, wie das Entfernen von Stoppwörtern oder die Tokennormalisierung[11], bevor die Textdaten im Volltextindex oder einem Indexfragment gespeichert werden.

2.3 Unterscheidung system-interne und system-externe Volltextsuche

Die wichtigsten Unterschiede einer system-internen und system-externen Volltextsuche werde ich anhand eines Vergleichs von MySQL und Lucene darstellen. Dieser Vergleich beruht auf den jeweils aufgeführten Quellen.

Lucene ist eine system-externe Volltextsuche und besteht aus einer Open-Source-Java-Bibliothek zum Erzeugen und Durchsuchen von Text-Indizes [14]. Mit ihrer Hilfe lassen sich Volltextsuchen für beliebige Textinhalte implementieren.

Zwar bietet sich für eine einfache und schnell zu realisierende Anwendungen MySQL als eine schon ausprogrammierte Suchmaschine an, jedoch stößt man bei vielen Anwendungen mit dieser doch nur sehr eingeschränkt modifizierbaren Suche schnell auf Schwierigkeiten und an Grenzen. Dies führt dazu, dass in manchen Fällen eine externe, gut anpassbare, aber relativ komplexe Suchmaschine „Lucene"[15] zu bevorzugen ist.

In folgenden Punkten werden die Unterschiede kurz erläutert [15][16] :

---

11 Die Tokennormalisierung dient dazu, die Erkennung aller relevanten Einträge, auch unter Beachtung unterschiedlicher Schreibweisen, sicherzustellen. Dies wird z.B. durch Normalisierung zu Kleinbuchstaben, umwandeln von ä zu ae und von ß zu ss erreicht.

a) MySQL beinhaltet eine zur sofortigen Benutzung implementierte Volltextsuchmaschine, jedoch kann diese nur Datenbankeinträge einer MyISAM-Tabelle und nur die Spalten des Typs CHAR, VARCHAR oder TEXT indexieren. Lucene hingegen kann für jeden Datentyp (Datei, Webpage, Datenbankeintrag, etc.) bzw. für jedes Format einen Index erstellen, wenn der Dateiinhalt in reinen Text konvertierbar ist. Dies führt dazu, dass Lucene als Volltextsuche für viele Anwendungsfälle MySQL vorzuziehen ist.

b) Ein weiterer Vorteil von Lucene ist, dass es sehr effizient eine große Anzahl an Dokumenten durchsuchen kann, während bei MySQL die Dokumentenanzahl einen großen negativen Einfluss auf die Suchzeit hat.
Der Grund liegt darin, dass bei MySQL der Volltextindex im RAM-Speicher gehalten wird [16]. Für eine kleine Anzahl an Dokumenten, ist die Suche somit zwar sehr schnell, übersteigt jedoch der Index die physikalische Größe des Speichers, lässt die Performanz deutlich nach.
Dieser Effekt tritt bei Lucene nicht auf, da der Index nicht im RAM-Speicher gehalten wird.

c) Basierend auf vorherigem Punkt, sind bei MySQL auch beim Einfügen in eine Volltexttabelle hohe Performanzeinbußen zu erwarten. Denn für jeden neu einzufügenden Datenbankeintrag, muss der gesamte Index aus dem Arbeitsspeicher abgerufen und erneuert werden, damit bei einer anschließenden Suche der neue Eintrag berücksichtigt werden kann.
Im Falle Lucene bewirkt späteres Hinzufügen neuer Dokumente keine gravierenden Nachteile. Die Datenbasis kann somit "on the fly" erweitert werden, was zu einer sehr schnellen Indexierung führt. Durch diesen schnellen Rebuild wird die Suche, ganz im Gegensatz zu MySQL, nicht beeinträchtigt.

d) Eine Aktualisierung bzw. Veränderung eines Dokuments ist im eigentlichen Sinne bei MySQL und Lucene nicht möglich. Eine Änderung ist bei beiden äquivalent zur Löschung und Wiedereinfügung des Dokuments.

e) Weitere Unterschied ist, dass bei MySQL sowohl eine Stoppwortliste als auch einen Standard-Word-Tokenizer gegeben ist, welches bei Lucene beides selbst angelegt und somit von Vorneherein an die entsprechenden Anforderungen angepasst werden kann. Die Möglichkeit eine eigene Stoppwortlist zu erstellen, bietet aber auch MySQL.

Auch in den Query-Typen, mit denen eine Suchanfrage gestellt werden kann, unterscheiden sich die beiden Volltextsuchmaschinen. Wie aus nachfolgender Tabelle ersichtlich, bietet die MySQL-Suche weniger Suchtypen als Lucene.

Vergleichstabelle der Query-Typen von MySQL und Lucene

MySQL	Lucene
- **Natural search** – die Natural-Search wird von MySQL verwendet, wenn keine weiteren Angaben zur Suchanfragen gemacht wurden. Diese Suche entspricht vom Ergebnis der booleschen Oder-Suche. - **Boolean** – einfache Boolean Query, bei der man angeben kann, ob das Suchwort im Dokument vorhanden sein muss (+Suchwort), ob es nicht vorkommen darf (-Suchwort) oder ob nur mind. eines der Suchwörter vorhanden sein muss und durch sein mögliches Vorhandensein die Relevanz erhöht wird (Suchwort). Ersteres entspricht der AND-Suche, Zweites der MINUS-Suche und das Letzte der OR-Suche - **With query expansion (mit Abfragenerweiterung)** – ist in der Regel nützlich, wenn eine Suchphrase zu kurz	- **Proximity search** – mit dieser Suche werden auch Dokumente gefunden, bei denen ein Wort zwischen Suchwort 1 und Suchwort 2 liegt. - **Wild card search** – hierbei können im Suchwort "Wildcards" platziert werden. Dies sind Platzhalter für ein beliebiges Zeichen bzw. Zeichenfolge (Bsp: Suchwort*, such?wort,…) - **Fuzzy/similarity searches** – diese Suche zeigt auch Dokumente an, die nicht notwendigerweise das Suchwort selbst, sondern nur ein ähnlich klingendes Wort beinhalten können (Bsp: bucht ein Haus: sucht eine Maus). - **Term boosting** – mit dieser

ist, was oft bedeutet, dass der Benutzer auf implizites Wissen angewiesen ist, welches der Volltextsuchmaschine fehlt. So weiß ein Benutzer, der nach dem Begriff „database" sucht, dass „MySQL" und „Oracle" Phrasen sind, die „database" entsprechen und insofern ebenfalls zurückgegeben werden sollten. Dies nennt man implizites Wissen. Die blinde Abfrageerweiterung (auch „automatisches Relevanzfeedback" genannt) wird durch Anhängen von WITH QUERY EXPANSION an die Suchphrase aktiviert. Sie funktioniert, indem die Suche zweimal durchgeführt wird, wobei die Suchphrase für die zweite Suche der ursprünglichen Suchphrase entspricht, die mit einigen wenigen Dokumenten aus der ersten Suche verkettet wurde. Wenn also eines der Dokumente das Wort „database" und das Wort „MySQL" enthält, findet die zweite Suche Dokumente, die das Wort „MySQL" enthalten – und zwar auch dann, wenn „database" gar nicht enthalten ist.[13]	Variante können relevante Dokumente, die ein bestimmtes Suchwort enthalten, in der Ergebnismenge weiter nach oben rücken. Die Query "mysql lucene^4" würde bedeuten, dass alle Dokumente, in denen das Schlüsselwort Lucene vorkommt, eine höhere Relevanz zugewiesen bekommen, als im Fall von MySQL.

Tabelle 3: Tabelle zum Vergleich von Lucene und MySQL [15][13]

2.4 Typische Merkmale der Volltextsuche von MySQL

Wie schon im vorherigen Abschnitt erwähnt, ist aufgrund der Haltung des Index im Arbeitsspeicher, die Leistungsfähigkeit der MySQL-Volltextsuche stark von der Anzahl und der Größe der Dokumente abhängig. Somit wird die Größe des Volltextindexes nur durch den verfügbaren Speicherplatz des Computers eingeschränkt, auf dem die Instanz von MySQL ausgeführt wird [13] [16].

Um die Suchergebnisse zu optimieren und auch um die Performanz zu verbessern, liegt der Default-Wert für die Mindestlänge eines Wortes bei drei Zeichen, was die Indexierung wesentlich beschleunigt. Auch die standardmäßig vorgegebene Stoppwortliste, welche häufig gebrauchte Wörter einer Sprache nicht indexiert, kann wesentlich zur Leistungssteigerung beitragen.

Eine verbesserte Abfrageleistung wird dadurch ermöglicht, dass nach dem Ende einer Auffüllung ein abschließender Mergeprozess[12] ausgelöst wird, der die Indexfragmente zu einem Mastervolltextindex zusammenführt. Denn erstens muss dadurch statt mehrerer Indexfragmente nur der Masterindex abgefragt werden und zweitens können bessere Bewertungsstatistiken zum Erstellen der Relevanzrangfolge verwendet werden. Nachteil dieses Vorgangs ist, dass der Mastermergeprozess sehr E/A-intensiv sein kann, da beim Zusammenführen der Indexfragmente umfangreiche Daten geschrieben und gelesen werden müssen. Eingehende Abfragen werden dadurch jedoch nicht blockiert.

2.5 Detail-Fragestellung im Zusammenhang dieser Arbeit

Um eine ausführliche Analyse der Leistungsfähigkeit des MySQL-Volltextindex durchführen zu können, war es notwendig, folgende Abhängigkeiten im Detail zu betrachten.

---

12 Merge (engl.: to merge „vereinigen, zusammenführen") ist der Vorgang des Abgleichens mehrerer Änderungen die an verschiedenen Versionen derselben Dateien getätigt wurden.

- Für die Performanzanalyse der **Suchanfragen**, wurde die Abhängigkeit jeweils zwischen der Anzahl der Suchwörter, der Anzahl der gefundenen Dokumente und dem verwendeten Boolean-Mode untersucht und in getrennten Graphen dargestellt.

- Die Zeit der **Indexerstellung** wurde in Abhängigkeit zu der jeweils zu indizierenden Tabellengröße gesetzt.

- Bei der Frage, ob sich Auswirkungen auf die Zeit für das **Füllen der Tabelle** ergeben, wenn bereits ein Volltextindex für diese Tabelle erstellt wurde und wie diese Zeit wiederum abhängig ist von der Anzahl der hinzuzufügenden und der schon vorhandenen Tupel, wurden weitere Auswertungen nötig.

3 Umsetzung und Implementierung

3.1 Ressourcen

3.1.1 Wikipedia DB

Um die Volltextsuche von MySQL analysieren und um einen Vergleich zu anderen Volltextsuchen schaffen zu können, ist als Grundlage eine sehr große Datenbasis nötig. Hierfür bietet sich die Wikipedia Datenbank besonders an, da sie mittlerweile über zwei Millionen Einträge umfasst und somit aussagkräftige Resultate liefern kann [1].

Notwendig gewordene Anpassungen der Wikipedia DB befinden sich im Anhang.

3.2 Das Experiment-Framework

3.2.1 Idee und Anforderungen

Die Ziele der Erstellung dieses Frameworks sind,

- der anschauliche Vergleich der Abhängigkeiten verschiedener Parameter (Anzahl der Suchwörter, Größe der Tabelle) von einer MySQL-Volltextsuche

- die Möglichkeit, diese Merkmale anhand der erzeugten Ergebnisse einfach zu untersuchen und auszuwerten

- den grafischen Vergleich zu weiteren Volltextsuchen zu ermöglichen.

3.2.2 Systemaufbau und Abhängigkeit

Benötigte Bibliotheken

mysql-connector-java-5.0.4-bin.jar [7]

Es handelt sich um einen JDBC[13]-Treiber vom Typ IV mit einem vollständigen JDBC-Funktionsersatz. Der Treiber kann JDBC Aufrufe in ein MySQL-Netzwerkprotokoll konvertieren. Dadurch wird möglich, dass der Programmierer in der Programmiersprache Java, Applets und Programm erstellt, die mit MySQL interagieren können [4] [13].

jfreechart-1.0.9 [8]

Dieses Plugin wurde nötig, um die Resultate meines Frameworks schnell und ohne viel Programmieraufwand in geeigneten Diagrammen darstellen zu können.

xstream-1.3.jar [9]

Diese Bibliothek ermöglichte die Speicherung der Resultate im xml-Format[14] - eine Java unabhängige Form, so dass im Nachhinein auf die Resultate für unterschiedliche Zwecke wieder zugegriffen werden kann.

3.2.3 Interessante Implementierungsdetails

Schnittstelle

Jede Suchstrategie, die in meinem Framework ausprogrammiert wurde[15], implementiert die Schnittstelle `SearchStrategy`. Deshalb muss für jede

---

13 Java Database Connectivity (JDBC) ist eine Datenbankschnittstelle der Java-Plattform, die eine einheitliche Schnittstelle zu Datenbanken verschiedener Hersteller bietet und speziell auf relationale Datenbanken ausgerichtet ist. Zu den Aufgaben von JDBC gehört es, Datenbankverbindungen aufzubauen und zu verwalten, SQL-Anfragen an die Datenbank weiterzuleiten und die Ergebnisse in eine für Java nutzbare Form umzuwandeln und dem Programm zur Verfügung zu stellen[4].
14 Die Extensible Markup Language, abgekürzt XML, ist eine Auszeichnungssprache zur Darstellung hierarchisch strukturierter Daten in Form von Textdaten. XML wird u. a. für den Austausch von Daten zwischen Computersystemen eingesetzt [4].
15 Im Moment nur MySQL

Suchstrategie vorab überlegt werden, wie die Methoden (`createIndex`, `search`, `updateIndex` und `dropIndex`) dieser Schnittstelle realisiert werden könnten. Durch den damit einhergehenden selben Aufbau der verschiedenen Suchstrategien, wird gewährleistet, dass für jede Suchstrategie die Tests automatisiert ablaufen können.

```java
/**
 * Interface for every search strategies[16]
 */
public interface SearchStrategy {

    public void createIndex(String table);
    public int search (List<String> searchArray, int limit,
            BooleanModes mode);
    public void updateIndex();
    public void dropIndex(String table);

}
```

Code-Ausschnitte von der MySQL-Suche

Bei der Implementierung der MySQL-Suche machte ich Gebrauch von den PreparedStatements, was zu einem deutlichen Geschwindigkeitsvorteil führte. Diese Beschleunigung kommt dadurch zustande, dass das Statement schon vorübersetzt im Datenbanksystem vorliegt und nur noch mit den neuen Parametern ausgeführt werden muss [13].

Nicht mit dem PreparedStatement lösbar war die Angabe, ob eine Natural-Search oder eine Boolean-Search durchgeführt werden soll. Aus diesem Grund wurden zwei Suchstrings nötig:

```
1. Suchstring (mit Boolean-Mode):
sqlStringText = "SELECT * FROM " + config.getDbTable()
        + " WHERE MATCH (" +
        config.getDbTextColumn()
```

---

16 Weiteres JavaDoc siehe Programm.

```
                    + ") AGAINST (? IN BOOLEAN MODE) LIMIT ?";
```

2. Suchstring (ohne Boolean-Mode):
```
sqlStringText = "SELECT * FROM " + config.getDbTable()
                + " WHERE MATCH (" + config.getDbTextColumn()
                + ") AGAINST (?) LIMIT ?";
```

Code-Ausschnitte für die Analyse/Berechnung

Wichtigste Berechnung, um eine vergleichende Analyse der Suchmaschine(n)
durchführen zu können, ist die Ermittlung des Mittelwerts (bzw. des Medians)
und der Standardabweichung einer aktuellen Testreihe (siehe auch Kapitel
3.3).

Berechung der Standardabweichung:

```
public static double getDeviation(List<Long> data) {
    int n = data.size();
    if (n < 2) {
        return Double.NaN;
    }
    double avg = data.get(0);
    double sum = 0;
    for (int i = 1; i < data.size(); i++) {
        double newavg = avg + (data.get(i) - avg)/(i+1);
        sum+= (data.get(i) - avg)*(data.get(i)-newavg);
        avg = newavg;
    }
    return Math.sqrt(sum / (n - 1));
}
```

Berechung des Mittelwerts:

```
private static double getMean(List<Long> data) {
    int n = data.size();
    if (n < 2) {
        return Double.NaN;
    }
    double sum = 0;
```

```
for (Long tmp : data) {
    sum += tmp;
}
return (sum / (n));
}
```

Geht man von einer schiefen Verteilung der Tests aus, besteht die Möglichkeit
sich den Median berechnen zu lassen:

Berechung des Medians:

```
private static double getMedian(List<Long> times) {
    int middle = times.size() / 2;
    if (times.size() % 2 == 1) {
        return times.get(middle);
    } else {
        return (times.get(middle - 1) +
            times.get(middle)) / 2.0;
    }
}
```

3.3 Detail-Fragestellung im Zusammenhang dieser Arbeit

Um repräsentative und keine rein stochastischen Ergebnisse zu erhalten, war es
notwendig die Tests wiederholt durchzuführen. Hierbei kamen die Überlegungen auf,

- wie viele Wiederholungen notwendig sein würden, um zufällige Resultate
  weitestgehend ausschließen zu können und

- wie aus der Ergebnismenge der Wiederholungen ein repräsentativer Wert
  ermittelt werden könnte.

Die Anzahl der Wiederholungen jedes einzelnen Tests wird vom Framework auf 100
festgelegt. Von diesen 100 Teilergebnissen kann sich der Benutzer, je nach
Voreinstellung im Programm, entweder den Median oder den Mittelwert berechnen
lassen. Festzustellen war jedoch, dass die Ergebnisse der 100 Wiederholungen

annähernd normalverteilt sein müssten, da sich bei der Umstellung von Mittelwert zu Median keine entscheidenden Änderungen ergaben. Die im Folgenden dargestellten Resultate beruhen auf der Berechnung des Mittelwerts.

Um zu verdeutlichen, dass die Geschwindigkeit der Suche, der Indexierung und des Einfügens auch maßgeblich von der Größe und nicht nur von der Anzahl der Datensätze abhängig sein kann, wird zusätzlich zum Median bzw. Mittelwert die Standardabweichung angegeben.

4 Experimente

4.1 Versuchsaufbau

Damit repräsentative Ergebnisse ermittelt werden können, trennte ich den zu analysierenden Volltextsuch-Prozess, von den übrigen Prozessen, die möglicherweise die Resultate verfälschen könnten. Mithilfe zweier Laptops war es möglich, diese Idee umzusetzen. Während auf dem einen Laptop (Samsung) meine Anwendung lief und die Ergebnisauswertung stattfand, befand sich auf dem zweiten Laptop (IBM) lediglich die Datenbank, auf der alle Tests durchgeführt wurden. Über ein Cross-Over-Kabel wurde die Kommunikation ermöglicht.

4.1.1 Spezifikationen der verwendeten Laptops

	Samsung X11-T5500 CeSeba	IBM
Prozessor	Intel® Core™ 2 Duo Prozessor	
Taktung	1,66 GHz	
FSB	667 MHz	
Cache	2 MB	
Betriebssystem	Windows® XP Professional	Linux
Chipsatz	Intel i945	
Hauptspeicher	Größe: 2 x 512 MB Speichertyp:	Größe: 512 MB

	PC2-4200 (533 MHz), DDR SODIMM	
Festplattenspeicher	100 GB EIDE Festplatte mit 5400 U./Min.	

Tabelle 4: Tabelle zum Vergleich der für den Versuch notwendigen Notebooks

4.2 Ergebnisse

In diesem Teil meiner Arbeit, werde ich die Testergebnisse meines Frameworks präsentieren. Unterteilen lassen sich die Tests in die Untersuchung der Indexierungs-, Einfüge- und der Suchzeit. Näheres dazu in den jeweiligen Unterpunkten.

4.2.1 Indexierung und Einfügeoperation

Zuerst werde ich jeweils einzeln die Resultate vorstellen und verständlich machen. Im Anschluss werde ich alle Ergebnisse dieser Testreihe in einem Graphen kombinieren, um einen Vergleich zu ermöglichen.

Indexierung

Bei diesem Experiment wurde die Datenbank mit einer auf der x-Achse stehenden Anzahl von Tupel gefüllt und danach für diese Datenbank der Index kreiert. Für die Indexerzeugung wurde jeweils die benötigte Dauer gespeichert, woraus sich der folgender Graph in Abbildung 2 ergab.

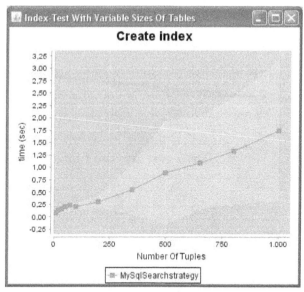

Abbildung 2: Indexgenerierung für verschiedene Anzahl von Tupel

Der nahezu lineare Verlauf unterstützt die Annahme, dass bei Datenbanken mit mehr Einträgen die Indexierungszeit entsprechend länger dauert. Eine leichte Abweichung der Linearität bei 100 Tupel, die bei jedem Testdurchlauf auftrat, würde ich damit erklären, dass hier entweder Optimierungsmechanismen in Kraft traten oder dass durch Zufall wiederholt überwiegend kleinere Einträge in die Datenbank gespeichert wurden.

Die hohe Standardabweichung kommt durch die unterschiedlich großen Einträge, für die ein Index erstellt werden muss, zustande.

Insertion

Hauptaugenmerk bei diesem Test legte ich auf die zeitliche Auswirkung, wann ein Volltextindex für eine Tabelle erstellt wird.

Dafür entwickelte ich 3 Insert-Tests:

1. Insert-Test

Die leere Tabelle wurde jeweils mit einer bestimmten Tupelanzahl gefüllt und nach der Füllung der Index kreiert. Die Gesamtdauer beider Schritte wurde gespeichert und ergab das Ergebnis in Abbildung 3.

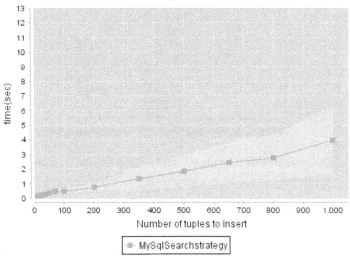

**Inserting tuples in an empty table
BEFORE creating the fulltext-index**

Abbildung 3: Einfügung verschiedener Anzahl von Tupel. Anschließende Erstellung des Volltextindex'.

2. Insert-Test

Die eben beschriebenen Schritte wurden hier in umgekehrter Reihenfolge vorgenommen.

Zuerst wurde für die noch leere Tabelle ein Volltextindex angelegt und im Anschluss mit einer bestimmten Tupelanzahl (x-Achse) gefüllt. Die Gesamtdauer beider Schritte wurde gespeichert und ergab das Ergebnis in Abbildung 4.

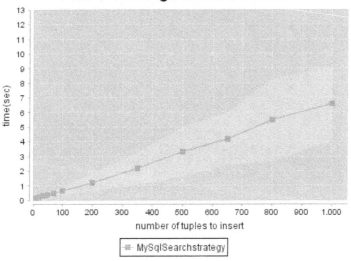

Abbildung 4: Erstellung des Volltextindex'. Anschließende Einfügung verschiedener Anzahl von Tupel.

3. Insert-Test

Im letzten Test dieser Reihe, dargestellt in Abbildung 5, habe ich die Auswirkungen der ursprünglichen Tabellengröße auf die Einfügedauer 500 neuer Datensätze untersucht.

Wie im vorherigen Test, wurde erst der Volltextindex angelegt, jedoch dieses mal für eine schon gefüllte Tabelle (Anzahl Tupel siehe x-Achse), und im

Anschluss jeweils 500 neue Tupel hinzugefügt. Die Gesamtdauer beider
Schritte ergaben die y-Werte.

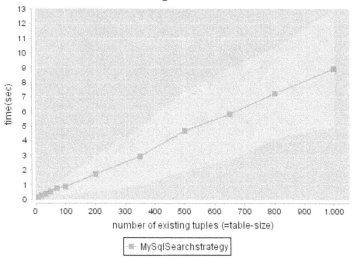

**Abbildung 5: Erstellung des Volltextindex'. Anschließende
Einfügung von 500 Tupel in unterschiedlich große Tabellen.**

Indexierung und Insertion kombiniert

Alle Ergebnisse dieses Abschnitts habe ich zur vergleichbaren Untersuchung
zu einem Graphen in der Abbildung 6 zusammengefasst.

Dass eine reine Indexkreierung (gelb) am Schnellsten geht, war zu erwarten,
da sich alle Insertion-Tests aus der Indexierungs- plus der Einfügedauer
zusammensetzen.

Als wichtiges Ergebnis erachte ich die Unterschiede zwischen der roten und
der blauen Linie. Die erhöhte Dauer, die sich ergibt, wenn man vor der
Tabellenbefüllung, den Index anlegt, lässt sich folgendermaßen erklären:

Zwar ist die anfängliche Indexerzeugung für die noch leere Datenbank sehr schnell vollzogen, jedoch muss bei jedem Datensatz, der eingefügt wird, der gesamt Index aktualisiert werden. Fügt man dahingegen erst die Datensätze ohne Index ein, um dann im Nachhinein einen Index für alle Daten zu erstellen, wird keine Aktualisierung nötig und bringt somit eine Zeitersparnis.

Durch das Ergebnis der grünen Linie, bei welcher in eine schon gefüllte Tabelle (Anzahl schon vorhandener Tupel siehe x-Achse), zuerst ein Index erstellt und dann weitere 500 Einträge dazu gefügt wurden, lässt sich keine neue Erkenntnis gewinnen. Vergleichen lässt sich das Ergebnis mit der blauen Linie addiert mit der Dauer, die benötigt wird, um 500 Tupel in einer indexierten Tabelle abzulegen.

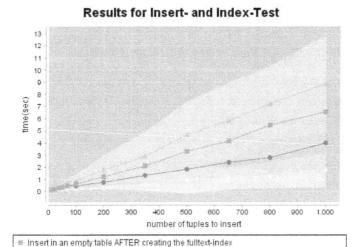

Abbildung 6: Zusammenstellung der Einfüge- und Indexerstellungstests.

4.2.2 Natural - Search

Die Tests unter dieser Suche beschränken sich auf die Natural - Search, da ich davon ausgehe, dass diese von allen vorhandenen Volltextsuchmaschinen unterstützt wird.

Zur Analyse der Natural - Search habe ich die Volltextsuche auf zwei beeinflussende Parameter untersucht:

- Größe der Suchwortanfrage (nach wie vielen Wörtern wird gesucht)
- geforderte Mindesttrefferanzahl, die durch die Suchanfrage erreicht werden muss

Dabei habe ich alle Anfragen, die zu keinem Ergebnis führten, z.B. Suchanfragen, die nicht genügend Treffer ergaben, ignoriert, so dass sie das Resultat nicht beeinflussen. Leider führte dies aber auch zu negativen Auswirkungen, die ich an passender Stelle erläutern werde.

Suchzeiten abhängig von der Anzahl der Wörter

Pro Ergebnislinie, des in der Abbildung 7 abgebildeten Graphen, wurde für eine unterschiedliche Anzahl an Suchwörtern die benötigte Suchzeit ermittelt. Voraussetzung, dass ein Ergebnis gewertet wurde war, dass der jeweils für die Linie angegebene Hit-Count (Mindesttreffermenge) erreicht wurde.

Für jede Ergebnislinie ergab sich ein näherungsweise linearer Anstieg, bei Erhöhung der Anzahl der Suchwörter. Dies war auch zu erwarten, wenn bei gleicher Mindesttrefferanzahl nach mehr Wörtern gesucht wird. Es dauert dementsprechend länger bis passende Datensätze ermittelt werden, welche die Suchanfrage erfüllen.

Die Suchzeit bei einer Trefferanzahl von 5 und 10 ist nahezu deckungsgleich und liegt noch unter der Suchzeit, bei einer Beschränkung auf 2 Treffer. Gibt man als Trefferanzahl 50 an, liegt diese Dauer jedoch wieder höher. Wie dies zu Stande kommt, erkläre ich mir damit, dass bei einer Trefferanzahl von 2, viele Wörter dabei sein könnten, die zwar selten, aber dann doch mind. 2 mal vorkommen. MySQL sucht sehr lange bis es die zwei Dokumente ermittelt hat, die alle geforderten Wörter enthalten. Werden jedoch 5 oder gar 10 Dokumente gefordert, so ist es wahrscheinlich, dass alle Suchwörter relativ häufig, also viel öfter als 5- bis 10-mal in der Tabelle vorkommen. Schon bei einer wesentlich geringeren Dokumentenanzahl sind die Treffer ermittelt.

Bei einer hohen Trefferanzahl mussten somit viel mehr Suchanfragen verworfen werden, da sie zu viele seltene Wörter enthielten. Ein repräsentatives Ergebnis hätte man darstellen können, wenn die Suchwörter alle mit einer gleichen Häufigkeit in den Dokumenten auftreten würden.

Will man je Suchanfrage 50 Treffer ermitteln (gelbe Linie), so dauert dies, wie zu erwarten, länger. Denn um 50 passende Einträge aufzufinden, müssen viel mehr Dokumente (bzw. Indizes) durchsucht werden. So kommt wieder eine Erhöhung der Suchzeit zu Stande.

Resultat:

Bei diesem Test wäre die Suchdauer am Geringsten, wenn man genau das Optimum von der Anzahl der Suchwörter und der geforderten Trefferanzahl finden würde. Jedoch würde dies nicht der Wirklichkeit entsprechen, da die Suchanfragen mit vielen Suchwörtern überwiegend sehr häufig vorkommende Wörter beinhalten und somit das Ergebnis verfälschen würden.

Search-results for number of word(s)

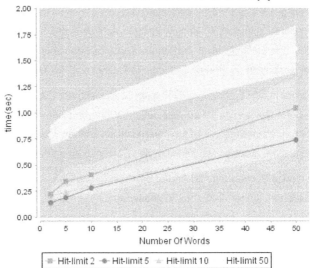

Abbildung 7: Suchergebnisse in Abhängigkeit der Anzahl der Suchwörter.

Suchzeiten abhängig von der Anzahl der Wörter

Dieser Test stellt in der Abbildung 8 die schon eben untersuchten Parameter in einer anderen Perspektive dar. Über die x-Achse wird die Mindesttrefferanzahl variiert, während für jeden Teiltest (pro Linie) die Anzahl an Suchwörtern gleich bleibt.

Auch hier kann man den nahezu linearen Anstieg bei Erhöhung der geforderten Treffer sehen. Durch den anderen Blickwinkel auf die Parameter, lässt sich nun auch besser erkennen, wodurch sich bei dem letzten Test für Hit-Count 2 eine unerwartete Dauer ergab. Betrachtet man hier die Ergebnisse bei Hit-Count 2 (x=2), so zeigt sich vor allem bei 50 Suchwörter (gelbe Linie) die starke Abweichung von der Linearität. Wie schon in der letzten Testbeschreibung, ist meine Erklärung, dass zwei Wörter, die zu 50 Treffern führen, eher eine seltene Aufkommenswahrscheinlichkeiten haben können, als 5 oder mehr Suchwörter. Deshalb müssen bei nur 2 Wörtern, mit großer Wahrscheinlichkeit mehr Einträge durchsucht werden.

Auch der geringe Unterschied zwischen der grünen und blauen Linie (5 bzw. 10 Suchwörter) ist mit oben vergleichbar, wofür ich jedoch keine Gründe nennen kann.

Die Ergebnislinien zeigen zwar, dass je größer die Suchwortanzahl ist, desto länger die Suche dauert, jedoch die Erhöhung der Dauer nicht linear ist (Abstände zwischen den Linien sind unterschiedlich groß). Von der Erhöhung von 2 auf 5 Suchwörter nimmt somit die Dauer mehr zu als bei dem Sprung von 5 auf 10. Ich gehe davon aus, dass die Wahrscheinlichkeit, ob ein Suchwortreihe 5- oder 10-mal in der Tabelle vorhanden ist, ungefähr gleich hoch ist.

Je mehr Wörter man übergibt, nach denen gesucht werden sollen, desto mehr Wörter müssen von MySQL verarbeitet und im Index ermittelt werden. Daraus folgt entsprechend auch die Erhöhung der Suchdauer.

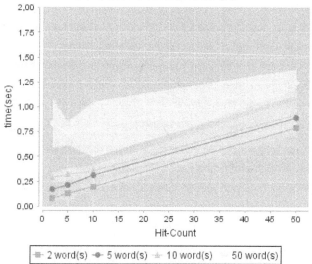

Abbildung 8: Suchergebnisse in Abhängigkeit der Trefferanzahl.

4.2.3 Boolean-Search

Hier werde ich untersuchen, wie sich die verschiedenen Modi der Booleansuche in Abhängigkeit der Parameter *Anzahl der Suchwörter* bzw. *geforderte Trefferanzahl*, auf die Suchzeit auswirken. Zudem werde ich den Vergleich zu der Natural-Search analysieren und darstellen.

Die verwendeten Boolean-modes:

- **OR**: mind. eins der übergebenen Suchwörter muss im Dokument vorhanden sein, um es in die Ergebnismenge aufzunehmen

- **AND**: alle Suchwörter müssen sich im Dokument befinden

- **MINUS**: keines der Suchwörter darf im Dokument vorkommen

Suchzeiten abhängig von der Anzahl des Hit-Counts

Bei diesem Test wurden jeweils 5 Suchwörter als Anfrage geschickt und die Mindesttrefferanzahl variiert (siehe Abbildung 9).

Die Ergebnislinien steigen mit der Trefferanzahl wieder in der Suchdauer an, haben aber im Vergleich zu den vorherigen Graphen einen noch lineareren Verlauf.

Auffällig ist, dass die grüne Linie, die für den AND-Modus steht, nicht von Null abweicht. Dies liegt an meiner Programmierung, die dem Resultat den Wert 0 zuweist, wenn innerhalb von 10 Minuten keine der automatisch erstellten Suchanfrage zu der geforderten Anzahl von Treffern führt. Für 5 zufällige Suchwörter ist die Wahrscheinlichkeit zu gering, dass genügend Dokumente existieren, die genau diese Wörter enthalten.

Dass auch die Natural-Search eine OR-Suche darstellt, wird durch die geringe Abweichung des roten und des blauen Graphen unterstützt. Lediglich wenn viele Treffer gefunden werden sollen, scheint die Suche im Boolean-Mode bessere Suchzeiten zu liefern. Warum dies so ist, konnte ich nicht feststellen.

Wenn keines der Suchwörter im Dokument vorkommen darf, wie es bei der MINUS-Suche der Fall ist, so liegt die Suchdauer für einen geringen Hit-Count höher und für einen hohen Hit-Count niedriger als bei den anderen Suchmodi (gelbe Linie). Der Verlauf des 2. Linienabschnitts lässt sich damit erklären, dass es im Durchschnitt schneller geht viele Dokumente zu ermitteln, in denen keines der Suchwörter vorkommt, als viele Dokumente zu finden, in denen mindestens eines der Wörter enthalten ist. Anders wäre dies, wenn alle zur Verfügung stehenden Suchwörter, eine hohe Aufkommenswahrscheinlichkeit besäßen.

Aus welchem Grund, im ersten Abschnitt die Suchdauer höher liegt, konnte ich nicht erfassen.

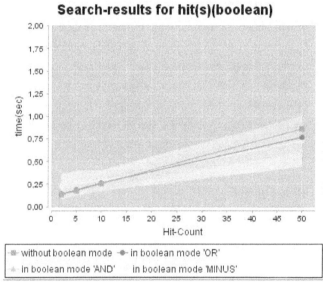

Abbildung 9: Vergleich der Sucherzeiten verschiedener Boolean-Suchen in Abhängigkeit der Trefferanzahl.

Suchzeiten abhängig von der Anzahl der Suchwörter

Bei diesem Test beschränkte ich die geforderte Trefferanzahl auf 5 Hits und variierte nun die Anzahl der Suchwörter (siehe Abbildung 10).

Zwar ist auch hier der Verlauf der Ergebnisse ansteigend und linear, jedoch ist der Einfluss einer höheren Trefferanzahl etwas größer als die Erhöhung der Suchwörter und deshalb der Anstieg steiler.

Als erstes weise ich darauf hin, dass die Suchdauern bei einer
Suchwortanzahl von 5, sich mit den Dauern des obigen Schaubilds bei der
Trefferanzahl von 5 vergleichen lassen. Denn bei beiden Schaubildern,
nehmen in diesem speziellen Fall beide Parameter den Wert 5 ein.

AND-Suche:

Wie schon im letzten Test, stellt das Ergebnis der AND-Suche eine
Ausnahme dar. Warum bei einer Wortanzahl von 5 das Ergebnis null ist,
kann man aus der vorherigen Testerklärung entnehmen. Dass bei einer
weiteren Erhöhung der Suchwörter, die Wahrscheinlichkeit noch geringer
wird in einer bestimmten Zeit (10 Minuten), genügend passende
Dokumente zu finden, ist offensichtlich und ergibt deshalb wiederum Null.
Nur für 2 Suchwörter wurde ein Wert ungleich Null ermittelt. Jedoch ist
durch die sehr hohe Standardabweichung schon zu erkennen, dass es sich
hierbei nicht um einen repräsentativen Wert handeln kann. Je nach dem ob
die beiden zufällig gewählten Suchwörter relativ seltene oder häufige
Wörter sind, variiert die Suchzeit sehr.

MINUS-Suche

Nach je mehr Wörter gesucht wird, desto schwieriger ist es 5 Treffer zu
erzielen, in denen keines der angegebenen Wörter vorkommt. Daraus
resultiert der etwas stärkere Anstieg im Vergleich zu der OR- und der
Natural-Suche.

OR-Suche

Die Oder-Suchen (blau und rot fast deckungsgleich, Begründung siehe
oben) benötigen für mehr Suchwörter länger als für wenige Suchwörter.
Dies widerspricht der Annahme, dass je mehr Wörter in einem Dokument
vorhanden sein dürfen, um es in die Ergebnismenge aufnehmen zu
können, desto eher müssten die Treffer erzielt werden können. Eine
mögliche Erklärung ist, dass die Verarbeitungszeit einer langen

Suchanfrage die Suchdauer so stark erhöht, dass dadurch der eben genannte positive Effekt nicht sichtbar wird.

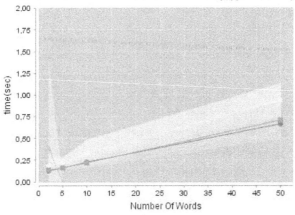

Abbildung 10: Vergleich der Sucherzeiten verschiedener Boolean-Suchen in Abhängigkeit der Anzahl der Suchwörter.

5 Zusammenfassende Bewertung und Ausblick

5.1 Bewertung der funktionalen Systemmerkmale der MySQL-Komponente

Durch die Integration der Volltextsuche in das DBMS von MySQL, konnte die Performanz für viele Suchanfragen wesentlich verbessert werden. Ohne Volltextsuche war ein Like-Konstrukt der Form `%suchtext%` die einzige Möglichkeit innerhalb eines Textes nach einem Wort zu suchen. Diese Like-Abfrage beansprucht jedoch schon bei kleinen Datenbanken viel Zeit, was daran liegt, dass durch den Einsatz des %-Zeichens zu beiden Seiten des Suchbegriffs kein Index benutzt werden kann. MySQL muss somit jedes Mal die komplette Tabelle scannen.

Mit dem Einführen der Volltextsuche wurde es möglich eine Volltextindexierung vorzunehmen, die für die eben genannte Suchanfrage, unter Zuhilfenahme des Indexes, schnell Ergebnisse ermitteln kann. Auch die Qualität der Suchergebnisse ist, durch die Sortierung nach Relevanz, erheblich gestiegen. Man könnte z.b. auch ganze Gedichte als Suchbegriffe eingeben, wobei das Dokument, das alle Suchwörter enthält, an erster Stelle der Ergebnismenge stehen würde.

Im Gegensatz zu anderen Volltextsuchmaschinen, wie z.B. Lucene, lässt die Suchgeschwindigkeit bei einer großen Dokumentenanzahl erheblich nach. Dies liegt daran, dass MySQL zum Cachen des Indexes und zum Verarbeiten der Query den Arbeitsspeicher verwendet. Sobald die Indexgröße die RAM-Speichergröße übersteigt, sind negative Performanzauswirkungen die Folge.

Weitere Performanzeinbußen sind zu erwarten, wenn neue Datensätze in eine Tabelle, für die schon ein Volltextindex angelegt wurde, eingefügt werden sollen. Grund hierfür ist, dass für jedes Dokument der gesamte Index aktualisiert werden muss. Dies bedeutet, dass der Datensatz in den aktuellen Index aufgenommen werden und danach der Cache/RAM, der dann nur den veralteten Index enthält, neu gebildet werden muss.

In MySQL ist somit eine Volltextsuche nur für Tabellen sinnvoll, bei denen keine häufigen Einfügungen oder Aktualisierungen durchgeführt werden müssen.

Trotz dieser Performanzeinbußen, stellt MySQL, vor allem für kleine und schnell zu entwickelnden Datenbanken, eine leistungsfähige und sofort einsetzbare Suchmaschine dar.

5.2 Zusammenfassung und Bewertung der Experimentergebnisse

Die Experimentergebnisse wurden mit einer Anzahl von 100 Wiederholungen erstellt und daraus der Mittelwert gebildet. Diese Vorgehensweise garantiert zuverlässigere und aussagekräftigere Resultate.

Wie im vorherigen Kapitel schon erwähnt, gab es dennoch Schwierigkeiten die Tests so zu entwickeln, dass in jedem Fall vergleichbare Ergebnisse geliefert werden können. Ein Beispiel hierfür ist die Ermittlung der Suchwörter. Vorraussetzung war, dass die Suchwörter zufällig sein müssen und sich nicht wiederholen sollten, da sie sich sonst im Cache befinden könnten. Dies hatte zur Folge, dass die unterschiedlichen Suchwörter auch unterschiedliche nicht zu kontrollierende Aufkommenshäufigkeiten besaßen. Welche Resultate in welchem Maße dadurch verzerrt sein könnten, ist im vorherigen Kapitel erläutert.

Wie durch meine Recherchen zu erwarten, belegten auch meine Tests die extremen Performanzeinbußen, die durch das Einfügen der Datensätze in eine Volltext-Tabelle entstanden. So dauerte das Anlegen des Index auf eine leere Tabelle plus das folgende Einfügen von 1000 Tupel in diese Volltexttabelle 6,5 Sekunden. Fügt man jedoch erst 100 Tupel einer Tabelle hinzu und erstellt im Nachhinein den Index, benötigt dies lediglich 4 Sekunden. Dies liegt an der schon in 5.1. erwähnten Aktualisierung der Tabelle.

Die Suchdauer untersuchte ich in Abhängigkeit der geforderten Trefferanzahl und der Anzahl der Suchwörter. In welchem Maß welcher Parameter die Ergebnisse beeinflusst, ist Kapitel 4 zu entnehmen. Wie man durch den unterschiedlich steilen Anstieg der Suchtests, in Abhängigkeit der beiden Parameter, sieht, beeinflusst der Parameter „Anzahl der zu suchenden Wörter" die Suchdauer etwas mehr als der Parameter „Anzahl der zu ermittelnden Dokumente".

Meine Tests benötigen für die momentan verwendete Datenbank mehrere Stunden, um die gewünschten Resultate zu ermitteln. Eine Erweitung der Untersuchungen, z.B. die zusätzliche Analyse der Indexierungsdauer der kompletten Wikipedia-Datenbank, würde zu lange dauern, um sie mit in den Test aufzunehmen. Dies bedeutet, dass viele interessierende Untersuchungen aus Zeitgründen nicht durchgeführt werden konnten und die Ergebnisse nur in beschränktem Maße

Aufschluss über die Performanz von MySQL bieten. Jedoch ist eine relativ exakte Übertragung bzw. Berechnung weiterer Ergebnisse anhand der ermittelten Suchdauern, durchaus denkbar.

5.3 Ausblick

Im Bereich von MySQL sind weitere Implementierungsverbesserungen der Volltextsuche zu erwarten, so dass MySQL den Ansprüchen des Benutzers, vor allem an die Geschwindigkeit und die Funktionalität, auch in der Zukunft gerecht werden kann.

Einige Punkte der MySQL-ToDo-Liste [19], greife ich heraus, damit eine Vorstellung der zukünftigen Leistungsfähigkeit möglich ist:

a) Alle Operationen mit FULLTEXT-Index schneller machen.

b) Unterstützung für Klammern ( ) in Boole'scher Volltextsuche.

c) Phrasensuche, Näherungsoperatoren

d) Unterstützung für "immer indizierte Wörter". Das könnten beliebige Zeichenketten sein, die der Benutzer wie Wörter behandeln will. Beispiele sind "C++", "AS/400", "TCP/IP" usw.

e) Unterstützung für Volltextsuche in MERGE-Tabellen.

f) Unterstützung für Multi-Byte-Zeichensätze.

g) Die Stoppwortliste von der Sprache der Daten abhängig machen.

h) Eindämmen (Stemming, natürlich abhängig von der Sprache der Daten).

i) Das Modell flexibler machen (durch Hinzufügen einiger regulierbarer Parameter für FULLTEXT in CREATE/ALTER TABLE).

Da nicht nur bei MySQL, sondern bei allen Volltextsuchmaschinen viele Verbesserungen zu erwarten sind, ist es wichtig, einen Vergleich verschiedener Volltextsuchen zu ermöglichen.

Aus diesem Grund ist das erstellte Feature zur Studienarbeit erweiterbar auf jede beliebige Volltextsuche. Sobald eine weitere Suche implementiert ist, wird sie beim nächsten Teststart sofort mit einbezogen und automatisch mit den schon vorhandenen Suchen verglichen (siehe Abbildung 11).

Die Ergebnisse werden in folgenden Graphen dargestellt, wobei momentan nur die MySQL-Suche implementiert ist und deshalb in jedem Graph nur eine Linie vorhanden ist. Es kann somit noch kein Vergleich zu anderen Volltextsuchen gezogen werden.

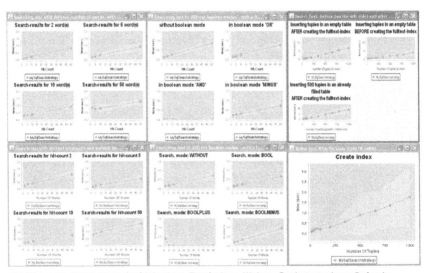

Abbildung 11: Darstellung der bisherigen Ergebnisse. Weitere Suchstrategien würden in einer anderen Farbe dargestellt werden.

6 Anhang

In diesem Kapitel stelle ich weitere Tools vor, die im Laufe meiner Arbeit notwendig wurden und werde die Verwendung und Anpassung meines Frameworks eingehend erläutern.

6.1 Anpassungen und weitere Tools

Damit das Experiment durchgeführt werden kann und zufrieden stellende Ergebnisse geliefert werden, wurden Änderungen der Wikipedia-Datenbank und der. MySQL-Einstellungen und ein zusätzlicher Wörterpool notwendig.

6.1.1 Einstellungen bei MySQL

Da in MySQL standardmäßig nur eine englische Stoppwortliste in die Indexierung einbezogen wird, musste diese durch eine neue deutsche Liste ausgetauscht werden. Hierbei habe ich mich für eine schon fertige Liste entschieden, die unter [5] zum herunterladen zur Verfügung steht. Bevor diese Liste von MySQL gelesen werden konnte, musst sie noch geringfügig formatiert werden.

Auch die minimale Länge des Suchwortes habe ich aufgrund der Tatsache, dass viele deutsche 3-buchstabrige Wörter existieren (z.B. „Eis"), von 3 auf 2 verringert.

Die eben genannten Änderungen werden direkt in der Konfigurationsdatei von MySQL, die sich am einfachsten über die Shell mit dem Befehl `%windir%\my.ini` öffnen lässt (gilt nicht für alle Betriebssysteme), durchgeführt:

Unter dem Punkt `[mysqld]`, welcher bei jedem Serverstart aufgerufen wird, waren hierfür folgende Zeilen abzuändern bzw. zu ergänzen:

```
ft_stopword_file="C:/xampp/mysql/STOPWORDS.txt"

ft_min_word_len=2
```

Es ist wichtig vor der nächsten Indexierung, und um Suchergebnisse nach den neuen Einstellungen zu erlangen, den Server neu zu starten.

Diese Stoppwortliste habe ich zusätzlich auch dem Projekt mit angefügt, falls der angegebene Link in der Zukunft nicht mehr zum Ziel führt.

6.1.2 Anpassung der Wikipedia-Datenbank

In der Wikipedia-Datenbank werden Titel und Text, synchronisiert durch eine page-ID, in getrennten Tabellen, die noch einige weitere Spalten enthalten, gespeichert. Da die Trennung von Text und Titel und die weiteren Spalten den Code meiner Studienarbeit unnötig vergrößern würden, habe ich beschlossen eine neue Tabelle namens searchindex zu erzeugen. Diese Tabelle, in welche ich exakt zwei Millionen Wikipedia-Datensätze übertragen habe, enthält lediglich die Spalten der ID, des Titels und des Texts.

6.1.3 Wörterpool

Um eine automatisierte Suchanalyse durchführen zu können, erschien es als unumgänglich auf einen Wörterpool zurückzugreifen. Hierbei habe ich mich für einen umfangreichen deutschen Wörterpool [6] entschieden. Dieser umfasst knapp über eine halbe Million[17] Einträge und ist direkt im Projekt-Verzeichnis hinterlegt. Ohne weitere Anpassungen im Programm vornehmen zu müssen, kann dadurch auf den Wörterpool zugegriffen werden

6.2 Funktion des Programms

6.2.1 Was macht mein Programm

Die Grundfunktionen des Programms stellen die Testdurchführung, die Resultatspeicherung und das Anzeigen der Resultate aller implementierten Suchmethoden dar.

Nach Programmstart kann man sich die zuletzt gespeicherten Ergebnisse, sofern schon welche im Ergebnispfad hinterlegt sind (siehe 6.2.3

---

[17] Genau sind es 592.140 Einträge

Ergebnisspeicherung), anzeigen lassen. Andernfalls muss erst der implementierte Test ausgeführt werden, damit die Resultate erzeugt werden.

Abbildung 12: Framework Oberfläche

Testdurchführung:

Mit dem Button „*load current database*" wird die Datenbank (siehe auch Kapitel 6.2.3), die in *config.txt* angegeben ist, geladen. Sofern kein Fulltext-Index für die eingetragenen Titel- und Textspalte der zu überprüfenden Tabelle vorhanden ist, wird dieser durch das Bestätigen des in diesem Falle angezeigten Dialogs automatisch hinzugefügt. Dies ist notwendig, damit die Suchtests durchgeführt werden können.

Nach erfolgreichem Ladevorgang der Datenbank, kann mit dem Button „*test*" eine Reihe von Tests, welche sich grob in mehrere Volltextsuch-Tests und in Analysen der Indizierungsdauer unterteilen lassen, gestartet werden.

Um die Suchtests durchführen zu können, wird zunächst der Wörterpool (siehe auch Kapitel 6.1.3), der sich standardmäßig im Projekt-Verzeichnis befindet, geladen, damit dann bei jedem Suchdurchlauf eine bestimmte Anzahl von Wörtern zufällig ausgewählt und an die Such-Methoden übergeben werden können.

Für die Tests der Indizierungsdauer werden, sofern nicht schon vorhanden, eine bestimmte Anzahl an neuen Tabellen mit jeweils unterschiedlich vielen Tupel generiert (Anpassungen, z.B. von Tupelanzahl und Tabellenanzahl siehe Kapitel 6.2.4).

Nach jedem Test

Nach Durchlauf eines Tests, werden die Ergebnisse im angegebenen Pfad (siehe Kapitel 6.2.3) jeweils in einer *.ser-Datei, mit der das Programm im weiteren Verlauf arbeitet, und in einer xml-Datei gespeichert. Die xml-Datei bietet dem Benutzer die Möglichkeit, die Ergebnisse auch ohne Programmunterstützung leicht einzusehen und weiter zu verwenden.

Über den Button „*show last results*" bzw. in meinem Fall auch "*show last MySQL results*" werden die zuletzt gespeicherten Ergebnisse in geeigneten Diagrammen angezeigt.

6.2.2 Weitere Volltextsuche hinzufügen

Wenn in weiteren Versionen meines Programms neue Volltextsuchen hinzugefügt werden, sollte hierfür, damit die Struktur des Programms erhalten bleibt, im Package searchstrategies eine neue Klasse [Name_Volltextsuche]SearchStrategy.java erstellt werden, die das Interface SearchStrategy implementiert.

Der Klasse SearchStrategyProvider muss dann noch die neue Klasse mitgeteilt werden, indem man sie in die java.util.List folgendermaßen einträgt: searchingMethods.add(new [Name_Volltextsuche]Searchstrategy(config));

Beim nächsten Programmablauf müssen nun die Tests neu erstellt werden. Automatisch werden hierbei die Ergebnisse der neuen Volltextsuche miteinbezogen und als Resultate in den JFreeChart-Diagrammen mit angezeigt.

6.2.3 Anpassungsmöglichkeiten der Progammparameter über das GUI

Möglichkeiten Änderungen über die GUI vorzunehmen, bieten sich unter dem Menüpunkt File.

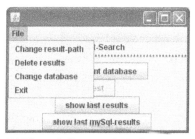

Abbildung 13: Framework-Menü

Alle dauerhaft zu speichernde Einstellungen werden nach der Änderung in der Datei config.txt hinterlegt, damit sie auch nach Programmneustart verfügbar bleiben. Diese Konfigurationsdatei liegt direkt im Projektpfad.

Datenbank

Soll z.B. der Test für eine eigene Datenbank durchlaufen werden, so würde man unter dem Unterpunkt „Change database" folgende Konfigurationsparameter anpassen können:

Datenbankangaben:

- Speicherpfad

- Benutzername und Passwort

Tabellenangaben:

- Tabellenname

- ID-, Titel- und Textspalte

Abbildung 14: Oberfläche zum Ändern der Datenbankverbindung

Damit nach der Änderung das Programm weiterhin die Tests durchführen kann, ist es wichtig, dass auch die neue Datenbank den Programmforderungen gerecht wird. Diese sind:

- Jeweils eine Spalte für ID, Titel und Text

- Möglichkeit über Titel und Text einen Fulltext-Index erstellen zu können (dies ist nämlich nicht bei jedem Spalten-Typ möglich).

Ergebnisspeicherung

Des Weiteren kann der Speicherpfad der Resultate unter „`Change resultpath`" geändert werden. Es wird vor dem Übernehmen des Pfades geprüft, ob der Pfad existiert und ob es sich um einen leeren Ordner handelt. Die Überprüfung auf den Ordnerinhalt habe ich aus dem Grund implementiert, da sich der gesamte Ordnerinhalt über den Punkt „`delete results`", zwar erst nach einer Bestätigung, aber doch recht schnell löschen lässt und dies somit zu einem ungewollten Verlust anderer Dateien führen könnte.

6.2.4 Anpassungsmöglichkeiten über Quellcode

Andere Einstellungen und Parameter müssen direkt im Quellcode geändert werden.

Will man z.B. die Tests für einen anderen x-Achsen-Bereich oder mit einer anderen Schrittgröße durchführen, so müssen die Methoden `getSteps()` der Enumration `results.ResultTypes` angepasst werden. Auch die Anzahl der Treffer, die pro Suchanfrage erzielt werden müssen, werden hier, nämlich unter `getHits()` eingestellt.

Um aussagekräftige Ergebnisse und Standardabweichungen zu erlangen, wird jeder Test mehrmals wiederholt. Die Anzahl der Wiederholungen liegt beim Such- als auch beim Indexierungstest bei 100. Dieser Wert, jeweils gespeichert unter dem Parameter `repeat`, kann in der Such- als auch in der Indexierungs-Klasse des Packages `evaluation` geändert werden. Hierbei ist zu beachten, dass eine Mindestwiederholungsanzahl von 3 nicht unterschritten werden darf, damit die Mittelwertbildung, notwendig für die Standardabweichung, weiterhin möglich ist.

In der Klasse `evaluation.SearchStrategySearching` kann zudem die Verwendung und Generierung des Wörterpools auf eigene Bedürfnisse angepasst werden.

Von einer Änderung der neuen Tabellen, die für die Indexierungstests erstellt werden (`evaluation.SearchStrategyIndex`), rate ich ab, da Anpassungen auch in anderen Klassen nötig werden würden.

6.2.5 Implementierte Volltextsuchen: MySQL

Die einzig verwendete und in die Tests mit einbezogene Volltextsuche ist die von MySQL. Weitere Volltextsuch-Methoden sollen noch folgen.

MySQL unterstützt nicht die update-Funktion des Indexes. Um den Index neu zu generieren, muss dieser erst gelöscht und dann wieder erstellt werden. Somit ist die Methode `updateIndex()` des Interface `SearchStrategy` in diesem Fall leer und wird durch die Methoden `dropIndex()` und `createIndex()` ersetzt.

Folgende Methode ist für die eigentliche Volltextsuchanfrage notwendig, weshalb ich sie im Anschluss kurz erläutern werde:

`public int search(List<String> searchArray, int limit, BooleanModes mode)`

Mit dem Parameter `mode`, kann angegeben werden, ob es sich um eine Suchanfrage ohne Boolean-Mode, im OR-, And- oder MINUS-Mode handelt.

7 Abbildungsverzeichnis

8 Tabellenverzeichnis

9 Quellen

[1]   http://download.wikipedia.org/ (Version dewiki-20080320-pages-meta-
        current.xml.).

[2]   http://www.apachefriends.org/de/xampp-windows.html

[3]   http://sourceforge.net/project/showfiles.php?group_id=34373&package_id=
        93103

[4]   http://de.wikipedia.org/wiki/Volltextrecherche

[5]   http://www.is.informatik.uni-duisburg.de/projects/freeWAIS-
        sf/STOPWORDS

[6]   http://ftp.services.openoffice.org/pub/OpenOffice.org/contrib/dictionaries/de
        _DE_neu.zip

[7]   http://dev.mysql.com/downloads/connector/j/5.0.html

[8]   http://www.jfree.org/jfreechart/

[9]   http://xstream.codehaus.org/download.html

[10]   http://schmidt.devlib.org/suchmaschinen.html

[11]   Nach [Salton und McGill 1987]

[12]   Wolfgang G. Stock: Information Retrieval. Informationen suchen und finden.
        München, Wien: Oldenbourg, 2007, 599 Seiten. ISBN 3-486-58172-4.

[13]   http://www.mysql.com/

[14]   http://lucene.apache.org/

[15]   http://blog.zmok.net/articles/2006/08/14/full-text-search-in-ruby-on-rails

[16]   http://jayant7k.blogspot.com/2006/05/mysql-fulltext-search-versus-
        lucene.html

[17]   http://www.eclipse.org/

[18]   http://www.apache.org/

[19]   http://mysql.telepac.pt/doc/refman/4.0/de/fulltext-todo.html

[20]   http://www.swen.uwaterloo.ca/~mrbannon/cs798/assignment_01/mysql.pdf